Alimentos
EL MAÍZ

Margaret Hall

Traducción de Patricia Abello

Heinemann Library
Chicago, Illinois

First published in this edition 2003

Customer Service 888-454-2279

Visit our website at www.heinemannlibrary.com

Printed in the United States by Lake Book Manufacturing, Inc.
Map illustration by Kimberly Saar/Heinemann Library

07 06 05 04 03
10 9 8 7 6 5 4 3 2 1

Library of Congress Cataloging-in-Publication Data
Hall, Margaret, 1947–
   [Corn. Spanish]
   El maíz / Margaret Hall ; traducción de Patricia Abello.
      p. cm. — (Alimentos)
   Summary: Introduces corn as a food—where it comes from, how it is grown and
harvested, and how it fits into the USDA Food Guide Pyramid. Includes a recipe for cornbread.
   Includes bibliographical references and index.
   ISBN 1-4034-3735-1 (HC), ISBN 1-4034-3741-6 (pbk.)
1. Cookery (Corn)—Juvenile literature. 2. Corn—Juvenile literature. [1. Corn. 2. Spanish
language materials.] I. Title. II. Series.
TX809.M2H3518 2003
641.6'315—dc21

                                    2002191324

Acknowledgments
The author and publisher are grateful to the following for permission to reproduce copyright material:
pp. 4, 25 Michael Newman/Photo Edit, Inc.; p. 4tl Kimberly Saar/Heinemann Library; p. 5 Larry Luxner; pp. 6, 18, 19 Lynn M. Stone; p. 7 John Mantel/Bruce Coleman, Inc.; p. 8 Bettman/Corbis; p. 9 The Granger Collection, New York; p. 10 Jose Carillo/Photo Edit, Inc.; p. 12 Tony Freeman/Photo Edit, Inc.; p. 13 David Young-Wolff/Photo Edit, Inc.; p. 14 Debra Ferguson/AgStockUSA; p. 15 Liba Taylor/Corbis; pp. 16, 17 Inga Spence/Visuals Unlimited; p. 20 David Frazier Photo Library; p. 21 Jack Ballard/Visuals Unlimited; Felica Martinez/Photo Edit, Inc.; p. 23 Danielle B. Hayes/Omni-Photo Communications; p. 24 Myrleen Ferguson Cate/Photo Edit, Inc.; pp. 28, 29 Eric Anderson/Visuals Unlimited

Cover photograph by Richard T. Nowitz/Corbis

Unas palabras están en negrita, **así.** Encontrarás el significado de esas palabras en el glosario.

Contenido

¿Qué es el maíz?

El maíz es una planta alta con hojas. Es una hierba. ¡La planta de maíz es más alta que un adulto! Nosotros comemos las semillas.

El maíz se siembra en huertas pequeñas para la familia. Pero la mayor parte del maíz del mundo se **cultiva** en grandes campos para vender.

Clases de maíz

Hay muchas clases de maíz. El maíz que comemos se llama **maíz dulce.** El **maíz dentado** se usa para alimentar al **ganado.** Sus **granos** son planos.

Las palomitas de maíz son una clase de maíz que **explota** cuando se calienta. Hay un maíz de granos duros que se llama **maíz panizo.** ¡Tiene granos rojos, azules y morados!

En el pasado

Hace miles de años, el maíz era **silvestre** en México. Los mexicanos comían ese maíz. Después empezaron a sembrar las semillas y a **cultivar** el maíz.

Los indígenas norteamericanos tenían un modo de sembrar maíz. Ponían pescados y semillas de maíz en montoncitos de tierra. Los **nutrientes** del pescado hacían que el maíz creciera mejor.

Alrededor del mundo

Hace mucho tiempo sólo crecía maíz en América del Norte y del Sur. Hoy se cultiva alrededor del mundo.

En este mapa se muestran en rojo
los lugares donde se siembra más maíz.
El maíz crece mejor en lugares donde
el verano es caliente y lluvioso.

Una mirada al maíz

La planta de maíz tiene un **tallo** largo con hojas grandes. A lo largo del tallo crecen **mazorcas.** Cada mazorca está protegida por una **cáscara.**

hoja

tallo

Dentro de la cáscara, los **granos**
de maíz crecen en filas. Nosotros sólo
comemos los granos. Los animales
comen los granos y también la mazorca.

grano

cáscara

La siembra del maíz

Cada **grano** de maíz es una semilla
de la que puede crecer una nueva
planta. Las semillas se siembran
en hileras con máquinas.

Como todas las plantas, el maíz necesita luz, **nutrientes** y agua. Unas clases de maíz crecen en 60 días, más o menos. Otras tardan muchos meses en crecer.

Cómo crece el maíz

Cada **tallo** de maíz tiene una **panoja** en la parte de arriba. En la panoja crecen unas florecitas. El viento lleva **polen** de las flores a la **barba** que cada **mazorca** tiene en la punta.

Cuando el polen baja por las **hebras** de la barba del maíz, los **granos** comienzan a crecer. ¡Una mazorca puede tener más de 1,000 granos!

La cosecha del maíz

El maíz está listo para la **cosecha** cuando las **barbas** se ponen morenas. El maíz por lo general se cosecha con máquinas. Hay máquinas que pueden quitar los **granos** de las **mazorcas.**

Parte del maíz se **almacena** para alimentar al **ganado.** El resto del maíz se vende a fábricas donde lo **procesan.**

Procesar el maíz

Unos **granos** de maíz se **enlatan** o se congelan. Otros se secan y se muelen para hacer **harina de maíz.** El maíz se mezcla con otros **ingredientes** y se cocina para hacer cereal.

Los granos de maíz también se separan en partes. El **aceite de maíz** se exprime de los granos. Otras partes se **procesan** para hacer almidón de maíz y almíbar de maíz.

El maíz en la mesa

Comemos maíz como palomitas de maíz, mazorca, maíz **enlatado** y maíz congelado. También comemos cereal, panecillos y panes hechos de **harina de maíz.**

La margarina y las salsas para ensalada muchas veces tienen **aceite de maíz.** El almidón y el almíbar de maíz se usan para hacer galletas y postres. ¡El maíz es un **ingrediente** de dulces y chicles!

Bueno para la salud

Los alimentos como el maíz se llaman **carbohidratos.** Los carbohidratos producen **energía.** Necesitamos energía para movernos y crecer.

El maíz también tiene pequeñas cantidades de otros **nutrientes** y **vitaminas** importantes. Nos ayudan a estar fuertes y sanos.

Una alimentación sana

La **pirámide** de alimentos muestra cuánto debemos comer a diario de cada grupo de alimentos.

Todos los grupos de alimentos son importantes, pero necesitamos más ciertos alimentos que otros.

Debemos comer más alimentos de la parte de abajo y de la mitad de la pirámide. Debemos comer menos alimentos de la parte de arriba.

El maíz es del grupo de los vegetales. Necesitamos tres porciones de vegetales al día. Muchos alimentos de maíz están en el grupo de los **granos.** Necesitamos seis porciones de granos al día.

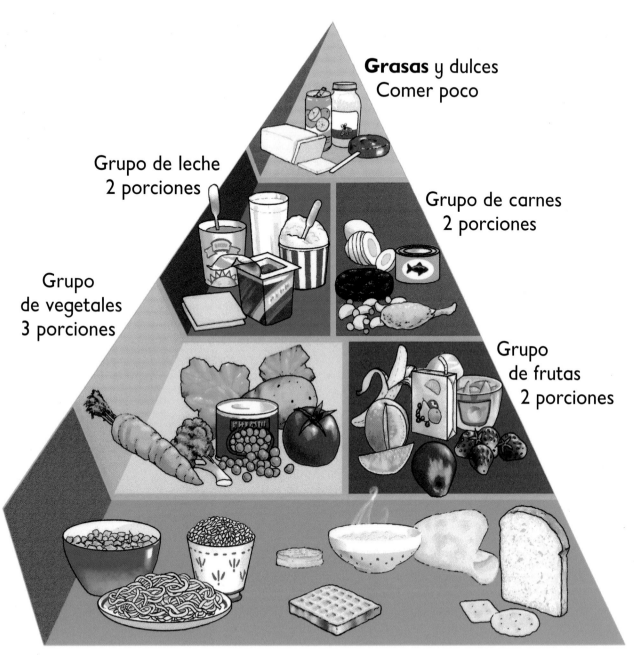

Grasas y dulces
Comer poco

Grupo de leche
2 porciones

Grupo de carnes
2 porciones

Grupo
de vegetales
3 porciones

Grupo
de frutas
2 porciones

Grupo de granos   6 porciones

Basada en la Pirámide Infantil de Alimentos del Departamento
de Agricultura, Centro de Difusión de Nutrición, marzo 1999.

27

Receta de pan de maíz

Vas a necesitar:

1 taza (140 gr)
  de **harina de maíz**
½ taza (65 gr)
  de harina de trigo
1 cucharada de polvo
  de hornear
2 cucharadas de azúcar
½ cucharadita de sal
½ cucharadita de
  bicarbonato de soda

¡Pídele a un adulto
que te ayude!

½ taza (120 ml)
  de **aceite de maíz**
1 taza de leche
2 huevos
1 lata de 11 onzas
  (320 gr) de **granos**
  enteros de maíz
  escurridos

1. Mezcla la harina de maíz, la harina de trigo, el polvo de hornear, el azúcar, la sal y el bicarbonato de soda en un tazón.
2. En otro tazón, mezcla el aceite, la leche y los huevos.
3. Echa los **ingredientes** húmedos al tazón de los ingredientes secos y revuelve hasta que todo quede bien mezclado.
4. Añade los granos de maíz y revuelve otra vez.
5. Echa la mezcla a un molde cuadrado y engrasado de 9 pulgadas. Hornea a 425° F (220° C) por 25 minutos.

Glosario

aceite de maíz aceite que se obtiene de los granos de maíz

almacenar guardar para usar más adelante

barba del maíz hebras largas y suaves que crecen en la punta de la mazorca

carbohidrato parte de un alimento que el cuerpo usa para obtener energía

cáscara hojas que cubren la mazorca

cosecha recogida de los cultivos

cultivar sembrar plantas para comer o para vender

energía fuerza suficiente para hacer cosas

explotar reventar

ganado animales de granja, como vacas y cerdos

grasa parte de algunos alimentos que el cuerpo usa para producir energía y mantenerse caliente

grano semilla de maíz; parte de la planta de maíz que comemos

harina de maíz maíz seco y molido que se usa para hacer pan y bizcochos

enlatar guardar un alimento en una lata para comerlo después

hebra tubo largo y delgado

ingrediente parte de una mezcla

madurar crecer por completo

maíz dentado maíz que se usa para alimentar al ganado

maíz dulce tipo de maíz que comemos

maíz panizo maíz de granos rojos, azules y morados

mazorca parte de la planta de maíz en que crecen los granos

nutriente alimento que necesitan las plantas y personas para crecer y estar sanos

panoja flor y tallo que crecen en la corona de una planta de maíz

pirámide figura que tiene una base plana y tres lados que terminan en punta

polen diminutas motas amarillas que la flor necesita para producir semillas

procesar cocinar o tratar de cierto modo para hacer una nueva clase de alimento o bebida

silvestre planta que crece al natural, que no ha sido sembrada

tallo parte de una planta que sostiene las hojas y el fruto

vitamina algo que necesita el cuerpo para crecer y estar sano

Más libros para leer

Whitehouse, Patricia. *Alimentos amarillos*. Chicago: Heinemann Library, 2002.

Un lector bilingüe puede ayudarte a leer estos libros:

Pickering, Robin. *I Like Corn*. Danbury, Conn.: Children's Press, 2000.

Royston, Angela. *Eat Well*. Chicago: Heinemann Library, 2000.

Índice